CORNROWS:
MY HAIR, MY ROOTS

WRITTEN BY

Dr. Tamecca S. Rogers

Escrito por el
Dr. Tamecca S. Rogers

Trenzas Africanas:
mi cabello, mis raíces

ILLUSTRATIONS BY

Brandon D. Wright

ILUSTRACIONES DE
Brandon D. Wright

Bio

Dr. Tamecca Rogers is a Tulsa Oklahoma resident and director of Diversity, Equity, and Inclusion at Tulsa Technology Center, where she has worked for 10 years. She holds a bachelor's degree in psychology, a master's in business administration, and a doctoral degree in educational leadership. Prior to her time at Tulsa Tech, Dr. Rogers served five years as a hospital corpsman in the United States Navy and a combined six years as a high school instructor and college enrollment counselor. She has also held adjunct professor positions at multiple post-secondary institutions. She is the proud mom of Ian, Chazen, and Keith.

Biografía

La Dra. Tamecca Rogers es residente de Tulsa, Oklahoma y directora de Diversidad, Equidad e Inclusión en el Centro Tecnológico de Tulsa, donde ha trabajado durante 10 años. Tiene una licenciatura en psicología, una maestría en administración de empresas y un doctorado en liderazgo educativo. Antes de trabajar en Tulsa Tech, la Dra. Rogers trabajó cinco años como miembro del cuerpo de hospital de la Marina de los Estados Unidos y seis años como instructora de secundaria y consejera de matriculación universitaria. También ha ocupado puestos de profesora adjunta en múltiples instituciones postsecundarias. Es la orgullosa madre de Ian, Chazen y Keith.

ISBN Number: 978-1-7354301-6-4
Library of Congress Control Number: 2020916415
Published by Inspire Publishing LLC
P.O. Box 691608
Tulsa, OK 74169-1608

Número ISBN: 978-1-7354301-6-4
Número de control de la Biblioteca del Congreso: 2020916415

Publicado por Inspire Publishing LLC
P.O. Box 691608

Tulsa, OK 74169-1608

Inspire Publishing LLC

Dedication

This book is dedicated to all Black girls with and without curls. Dare to be you, nothing else will

do!

Dedicatoria

Este libro está dedicado a todas las chicas negras con y sin rizos. Atrévete a ser tú, ¡nada más

bastará!

First, let's define cornrows and locs. Cornrows, or canerows in the Caribbean, is a hair braiding technique that began in Africa, in which hair is braided carefully to the scalp. Locs originated in India, they are a thin rope-like thread of hair created by braiding, twisting, or matting.

Primero, definamos las trenzas africanas y las rastas. Las trenzas africanas, o trenzas dominicanas en el Caribe, son una técnica de trenzado de cabello que comenzó en África, en la que el cabello se trenza cuidadosamente hasta el cuero cabelludo. Las rastas, originarias de la India, son un fino hilo de cabello similar a una cuerda creado por trenzado, retorcimiento o enredado.

My braids are much more than a hairstyle. My cornrows are more than a trend or a fashion statement. Within my intertwining hair, I have history, culture, survival, and beauty. So, when you see me strutting and smiling with my head held high, it's because my braids are not just a style but a gift from my ancestors.

Mis trenzas son mucho más que un peinado. Mis trenzas africanas son más que una tendencia o una expresión de moda. Dentro de mi cabello entrelazado, tengo historia, cultura, supervivencia y belleza. Así que, cuando me veas contornearme y sonreír con la cabeza en alto, es porque mis trenzas no son solo un estilo sino un regalo de mis antepasados.

The cornrows I wear can be traced back to Africa to at least 3,000 BCE when they became a traditional hairstyle for women. Hair braiding was also used in other cultures such as Native Americans and Roman, however, this story will focus on those of African origin.

Las trenzas africanas que uso se remontan a África al menos hasta el año 3000 AEC, cuando se convirtieron en un peinado tradicional para las mujeres. El trenzado de cabello también se usó en otras culturas como la de los nativos americanos y la romana, sin embargo, esta historia se centrará en las de origen africano.

When we look back in time, we see ancient North African stone carvings that show people with braids. The design and direction of the braids communicate information about the person wearing the braids.

Cuando echamos un vistazo al pasado, vemos antiguas tallas de piedra del norte de África que muestran personas con trenzas. El diseño y la dirección de las trenzas comunican información sobre la persona que las lleva.

Cornrows were used to communicate a person's family ties, age, relationship status, religion, and other information, such as economic status. For an example, some braid styles were perceived to be expensive in terms of installation and material. Therefore, it was recognized that a woman who could afford to sit for hours beautifying her crown was a woman of great economic status. Additionally, women who wore beads, shells, and jewels in their cornrows were recognized to have wealth and ready for marriage.

Las trenzas africanas se utilizaban para comunicar los lazos familiares de una persona, su edad, su estatus de pareja, su religión y otra información, como su situación económica. Por ejemplo, algunos estilos de trenzas se consideraban costosos en cuanto a su instalación y materiales. Por lo tanto, se reconocía que una mujer que podía permitirse el lujo de sentarse durante horas para embellecer su corona era una mujer de un gran estatus económico. Además, las mujeres que llevaban cuentas, conchas y joyas en sus trenzas africanas eran reconocidas como adineradas y listas para el matrimonio.

Cornrow hairstyles were proudly passed on through each generation from grandmother, to mother, to daughter.

Los peinados de trenzas africanas fueron transmitidos con orgullo a través de cada generación de la abuela, a la madre, a la hija.

In learning the history of the cornrows, I wear so proudly today, I acknowledge the impact of slavery on African women. Before the slaves were forced onto the slave ships, some traffickers shaved the heads of the female slaves to strip them of their culture and humanity.

Al aprender la historia de las trenzas africanas, que hoy llevo con tanto orgullo, reconozco el impacto de la esclavitud en las mujeres africanas. Antes de que las esclavas fueran obligadas a subir a los barcos de esclavos, algunos traficantes afeitaban las cabezas de las esclavas para despojarlas de su cultura y humanidad.

The African women who were fortunate enough not to have their hair shaved off, braided seeds or rice into their hair before their journey to enslavement to prevent starvation. This made their braids a form of survival.

Las mujeres africanas que tuvieron la suerte de no ser afeitadas, trenzaron semillas o arroz en su cabello antes de su viaje a la esclavitud para evitar el hambre. Esto convirtió sus trenzas en una forma de supervivencia.

African mothers also braided rice in their children's hair before they were separated on different plantations to ensure their children could eat.

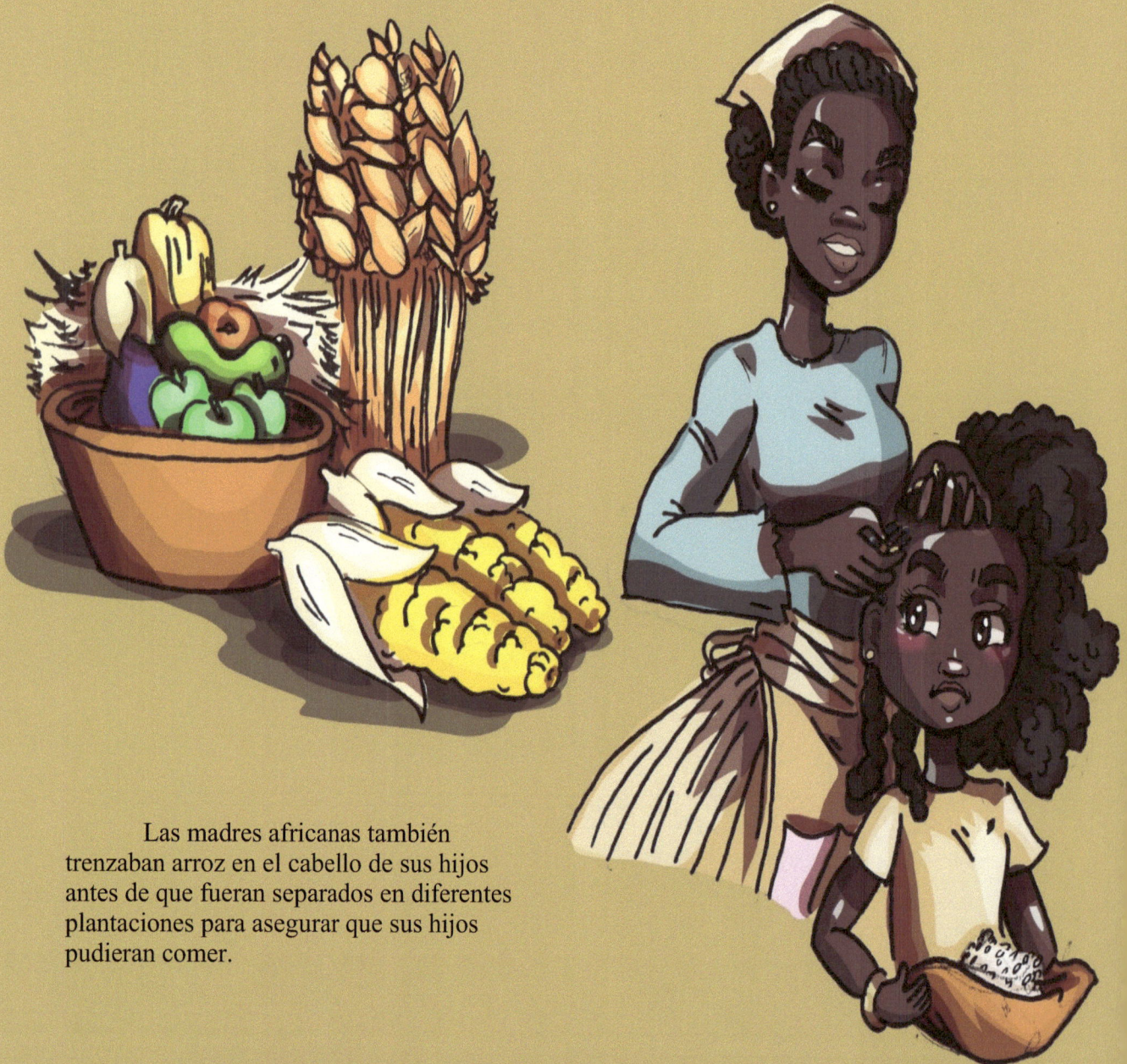

Las madres africanas también trenzaban arroz en el cabello de sus hijos antes de que fueran separados en diferentes plantaciones para asegurar que sus hijos pudieran comer.

Braids also became a secret messaging system for slaves to communicate with one another in front of their slave owners. The slaves would use their braids as a map to freedom. For example, the number of braids worn could show others how many roads they needed to walk or where to meet someone to escape captivity.

Las trenzas también se convirtieron en un sistema de mensajes secretos para que los esclavos se comunicaran entre sí frente a sus dueños. Los esclavos usaban sus trenzas como un mapa hacia la libertad. Por ejemplo, el número de trenzas que llevaban podría mostrar a los demás cuántos caminos necesitaban recorrer o dónde encontrarse con alguien para escapar del cautiverio.

If the slaves were successful in escaping captivity, they could use the seeds and rice intertwined in their hair to start new crops for survival.

Si los esclavos lograban escapar del cautiverio, podían usar las semillas y el arroz entrelazados en su cabello para iniciar nuevos cultivos para sobrevivir.

The 1865 Emancipation Proclamation in the United States declared "that all persons held as slaves" within the rebellious states "are, and henceforward shall be free." Within the former slaves, this brought about a desire to leave all things that reminded them of slavery behind and that included cornrows.

La Proclamación de Emancipación de 1865 en los Estados Unidos declaró "que todas las personas retenidas como esclavos" dentro de los estados rebeldes "son, y de ahora en adelante serán libres". Dentro de los antiguos esclavos, esto provocó el deseo de dejar atrás todas las cosas que les recordaban la esclavitud y que incluían las trenzas africanas.

Some Black women traded in their natural cornrows for pressed or chemically straightened hair.

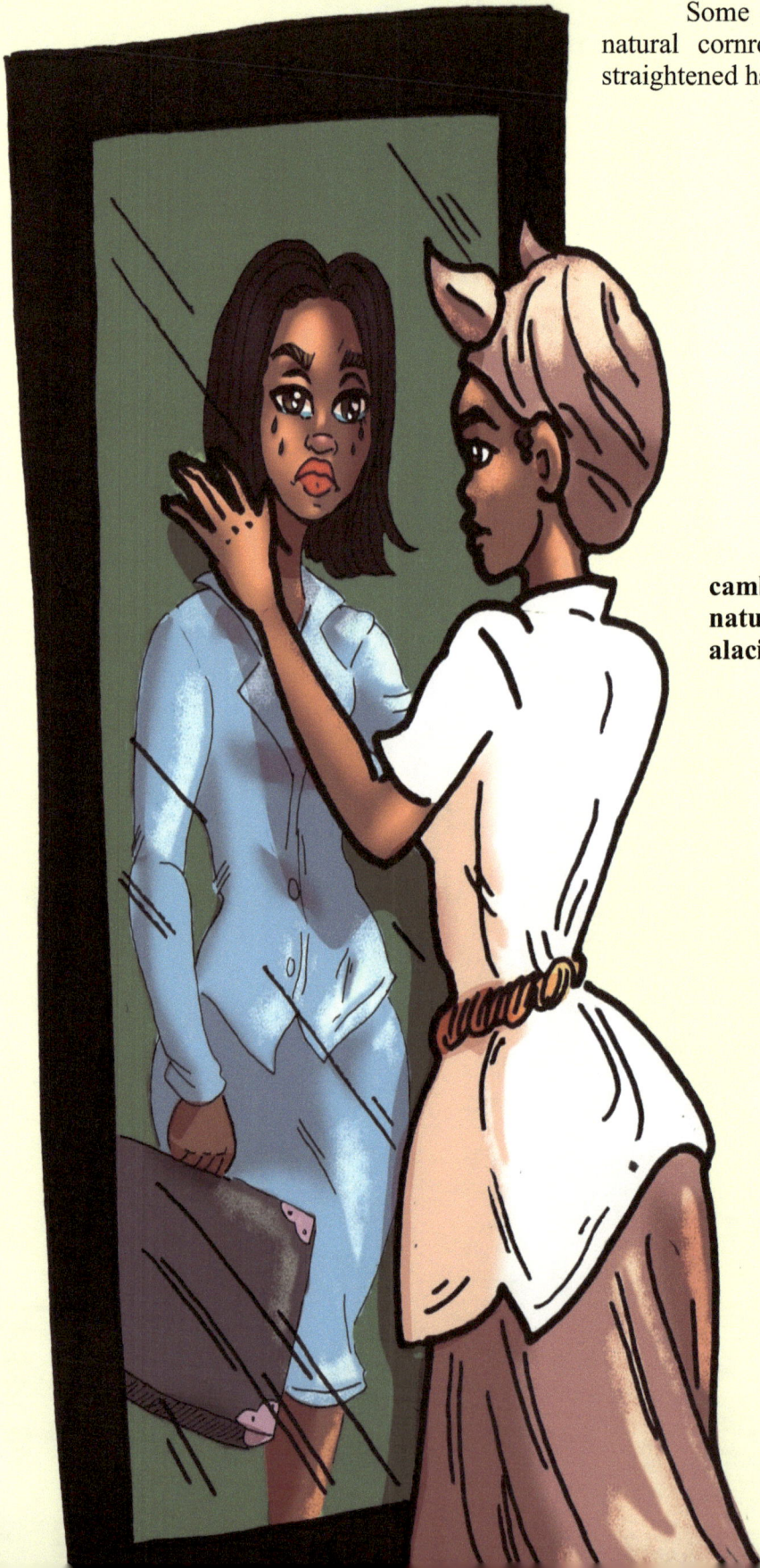

Algunas mujeres negras cambiaron sus trenzas africanas naturales por cabello planchado o alaciado químicamente.

During the Black Power Movement (a revolutionary movement that occurred in the 1960s and 1970s that emphasized racial pride, economic empowerment, and the creation of political and cultural institutions), Black women rejected the Eurocentric framework (pale skin, light eyes, and long straight hair) of beauty. At this time, Black Americans were developing a deep desire to honor African heritage and styles.

Durante el Movimiento del Poder Negro (un movimiento revolucionario que tuvo lugar en las décadas de 1960 y 1970 y que hizo hincapié en el orgullo racial, el empoderamiento económico y la creación de instituciones políticas y culturales), las mujeres negras rechazaron el marco eurocéntrico (piel pálida, ojos claros y cabello largo y lacio) de la belleza. En esta época, los negros americanos estaban desarrollando un profundo deseo de honrar la herencia y los estilos africanos.

Over the years, cornrows became an expression of Black self-love and self-acceptance.

A lo largo de los años, las trenzas africanas se convirtieron en una expresión del amor propio y la autoaceptación de los negros.

Although braids were being celebrated on a personal level, many companies did not feel the same. In the 1980s, some Black women were fired from their jobs or made to wear a wig because braids violated their work dress code.

Aunque las trenzas se celebraban a nivel personal, muchas compañías no sentían lo mismo. En los años 80, algunas mujeres negras fueron despedidas de sus trabajos u obligadas a usar peluca porque las trenzas violaban su código de vestimenta de trabajo.

In the 1990s and early 2000s, when hip-hop became a popular part of mainstream music, braids made a comeback. Artists like Janet Jackson, Brandy, Alicia Keys, and Beyoncé, to name a few, proudly strutted their braids in music videos and on the big and small screens.

En la década de 1990 y principios de la década de 2000, cuando el hip-hop se convirtió en una parte importante de la música popular, las trenzas volvieron a aparecer. Artistas como Janet Jackson, Brandy, Alicia Keys y Beyoncé, por nombrar algunas, se contoneaban orgullosamente con sus trenzas en videos musicales y en las pantallas grandes y pequeñas.

It would be nice to say braids, locs, and natural hair are accepted in workplaces and schools around the country in the world we live in today. However, that is not always the case.

Sería bueno decir que las trenzas, las rastas y el cabello natural son aceptados en los lugares de trabajo y escuelas de todo el país en el mundo en que vivimos hoy. Sin embargo, no siempre es así.

In 2013, despite her great grades and remarkable behavior record, seven-year-old Tiana Parker was kicked out of Debora Brown Community School due to her natural locs. The school policy read, "hairstyles such as dreadlocks, afros and other faddish styles are unacceptable." Therefore, Tiana was barred from school, came home in tears, and was left feeling like there was something wrong with her appearance. However, instead of changing her beautiful locs to conform to school policy, Tiana changed schools. After the damage was done, the school changed their policy to allow afros and locs.

En 2013, a pesar de sus buenas notas y su destacado historial de comportamiento, Tiana Parker, de siete años, fue expulsada de la Escuela Comunitaria Deborah Brown debido a sus rastas naturales. La política de la escuela decía: "Los peinados como rastas, afros y otros estilos de moda son inaceptables". Por lo tanto, a Tiana se le prohibió ir a la escuela, volvió a casa llorando y se quedó con la sensación de que había algo malo en su apariencia. Sin embargo, en lugar de cambiar sus hermosas rastas para ajustarse a esa política, Tiana se cambió de escuela. Después de que el daño fue hecho, la escuela cambió su política para permitir los afros y las rastas.

In 2019, a 16-year-old high school wrestler named Andrew Johnson was given an ultimatum to cut his locs in 90 seconds or forfeit the match. The referee, Alan Maloney, cited a rule declaring, "hair must be in its natural state." With tears in his eyes, Andrew made the split-second decision to have his hair cut, rather than forfeiting the match, which would have resulted in Andrew's team losing the meet and their division title.

With scissors in hand, the trainer cut Andrew's hair on the wrestling floor with the referee behind her telling her how much of Andrew's hair to cut off. Ultimately, Andrew won the match. The referee was suspended from officiating for two years and athletic administrators and New Jersey coaches in high school sports were mandated to go to training about hair discrimination.

En 2019, un luchador de 16 años de edad, llamado Andrew Johnson, recibió un ultimátum para que se cortara sus rastas en 90 segundos o perdería el encuentro. El árbitro, Alan Maloney, citó una regla que declaraba, "el cabello debe estar en su estado natural". Con lágrimas en los ojos, Andrew tomó la decisión de cortarse el pelo, en lugar de perder el encuentro, lo que hubiera resultado en que el equipo de Andrew perdiera el torneo y el título de su división.

Con tijeras en mano, la entrenadora cortó el cabello de Andrew con el árbitro detrás de ella diciéndole cuánto del cabello de Andrew debía cortar. Al final, Andrew ganó el encuentro. El árbitro fue suspendido por dos años y los administradores deportivos y los entrenadores de Nueva Jersey en los deportes de la escuela secundaria fueron obligados a ir a capacitación sobre la discriminación del cabello.

In 2019, six-year-old Clinton Stanley Jr. was excited about his first day of school at A Books Christian Academy, in Apopka, Florida, but was not allowed entrance because the school administrator cited a school policy forbidding locs. Clinton's dad was unaware of the school policy that prohibits, "dreads, mohawks, designs, unnatural color, or unnatural hair designs." Although three civil liberty groups have filed a complaint with the Florida Department of Education on behalf of Clinton Stanley Jr. the school does not plan on changing their hair policy.

En 2019, Clinton Stanley Jr., de seis años de edad, estaba emocionado por su primer día de clases en la Academia Cristiana de Libros A, en Apopka, Florida, pero no se le permitió la entrada porque el administrador de la escuela citó una política escolar que prohibía las rastas. El padre de Clinton no conocía la política de la escuela que prohíbe, "rastas, mohawks, diseños, colores antinaturales, o diseños de cabello antinatural". Aunque tres grupos de libertad civil han presentado una queja al Departamento de Educación de Florida a nombre de Clinton Stanley Jr. la escuela no planea cambiar su política de cabello.

However, slowly but surely things are changing. Several states and cities have proposed or passed laws banning polices that punish people of color for wearing braids, locs, twists, their natural curls, or any other hairstyle that embraces their cultural identity.

Sin embargo, las cosas están cambiando de forma lenta pero segura. Varios estados y ciudades han propuesto o aprobado leyes que prohíben las políticas que castigan a las personas de color por llevar trenzas, rastas, rizos naturales o cualquier otro tipo de peinado que refleje su identidad cultural.

But what has not changed is my pride, love, and appreciation for my cornrows and natural hair. My hair is my identity and represents my roots, culture, and freedom.

Pero lo que no ha cambiado es mi orgullo, amor y aprecio por mis trenzas africanas y mi cabello natural. Mi cabello es mi identidad y representa mis raíces, cultura y libertad.

Love yourself from your head to your toes! Only you can be you! Be you proudly and unapologetically. Let your light shine.

¡Quiérete de la cabeza a los pies! ¡Solamente tú puedes ser tú! Sé tú orgullosamente y sin remordimientos. Deja que tu luz brille.

www.ingramcontent.com/pod-product-compliance
Lightning Source LLC
Chambersburg PA
CBHW060811270326
41928CB00003B/58